入試に出る単語　JN090847

	1回目	2回目	3回目
	/18問	/18問	/18問

日本語に合うように、（　）に単語を書きなさい。

1　私の誕生日は1月だ。　　　　　　My birthday is (　　　).　　　ジャニュアリー January

2　2月は寒い。　　　　　　　　　　It's cold in (　　　).　　　フェビュアリー February

3　今日は3月7日だ。　　　　　　　It's (　　　) 7 today.　　　マーチ March

4　4月はあたたかい。　　　　　　　It's warm in (　　　).　　　エイプリル April

5　5月にお祭りがある。　　　　　　There is a festival in (　　　).　　　メイ May

6　6月は雨が多い。　　　　　　　　(　　　) has a lot of rain.　　　ジューン June

7　7月はとても暑い月だ。　　　　　(　　　) is a very hot month.　　　ジュライ July

8　8月は夏休みだ。　　　　　　　　(　　　) is summer vacation.　　　オーガスト August

9　私たちの学校は9月に始まる。　　Our school begins in (　　　).　　　セプテンバー September

10　10月はよい季節だ。　　　　　　(　　　) is a good season.　　　オクトーバー October

11　11月は秋だ。　　　　　　　　　(　　　) is fall.　　　ノーベンバー November

12　今日は12月31日だ。　　　　　　It's (　　　) 31 today.　　　ディッセンバー December

13　日曜日は休日だ。　　　　　　　(　　　) is a holiday.　　　サンデー Sunday

14　学校は月曜日に始まる。　　　　School starts on (　　　).　　　マンデー Monday

15　私たちは火曜日にサッカーをする。　We play soccer on (　　　).　　　チューズデー Tuesday

16　今日は水曜日だ。　　　　　　　It's (　　　) today.　　　ウェンズデー Wednesday

17　木曜日は早く起きる。　　　　　I get up early on (　　　).　　　サーズデー Thursday

18　金曜日は忙しい。　　　　　　　(　　　) is busy.　　　フライデー Friday

19　明日は土曜日だ。　　　　　　　Tomorrow is (　　　).

サタデー
Saturday

20　私は春がいちばん好きだ。　　　I like (　　　) the best.

スプリング
spring

21　私は夏休みを楽しんだ。　　　　I enjoyed my (　　　) vacation.

サマー
summer

22　秋は短い。　　　　　　　　　(　　　) is short.

フォール / オータム
Fall/Autumn

23　冬はとても寒い。　　　　　　It's very cold in (　　　).

ウィンター
winter

24　質問してもいいですか。　　　May I (　　　) a question？

アスク
ask

25　私はその質問に答えることができる。　I can (　　　) the question.

アンサー
answer

26　私は教師になりたい。　　　　I want to (　　　) a teacher.

ビカム / ビー
become/be

27　あなたのバッグを持ってきてください。Please (　　　) your bag.

ブリング
bring

28　彼らは家を建てる予定だ。　　They're going to (　　　) a house.

ビルド
build

29　彼女たちは彼をマイクと呼ぶ。They (　　　) him Mike.

コール
call

30　ここに来てください。　　　　Please (　　　) here.

カム
come

31　私は手でボールを受け止める。I (　　　) the ball with my hand.

キャッチ
catch

32　あなたは部屋を掃除しましたか。Did you (　　　) your room？

クリーン
clean

33　その店は9時に閉まる。　　　The shop (　　　) at nine.

クローズィズ
closes

34　泣かないで。　　　　　　　Don't (　　　).

クライ
cry

35　私たちはコーヒーを飲む。　　We (　　　) some coffee.

ドリンク
drink

36　私は7時に朝食を食べる。　　I (　　　) breakfast at seven.

イート / ハヴ
eat/have

37	彼らは野球をして楽しむ。	They ( ) playing baseball.	エンジョイ enjoy
38	私は幸せだと感じる。	I ( ) happy.	フィール feel
39	その本を見つけましょう。	Let's ( ) the book.	ファインド find
40	私の名前を忘れないで。	Don't ( ) my name.	フォゲット forget
41	私は手紙を書き終えた。	I ( ) writing a letter.	フィニッシュト finished
42	何か飲み物をください。	( ) me something to drink.	ギヴ Give
43	彼女は手紙を受け取らなかった。	She didn't ( ) a letter.	ゲット/レシーヴ get/receive
44	彼らはバスで学校へ行く。	They ( ) to school by bus.	ゴー go
45	私を手伝ってください。	Please ( ) me.	ヘルプ help
46	あなたは本を持っていますか。	Do you ( ) a book ?	ハヴ have
47	私はそのニュースを聞いてうれしかった。	I was glad to ( ) the news.	ヒア hear
48	私は柔道について知らない。	I don't ( ) about *judo*.	ノウ know
49	あなたは学校で何を学びましたか。	What did you ( ) at school ?	ラーン learn
50	私は毎朝6時に家を出る。	I ( ) home at six every morning.	リーヴ leave
51	私は数学が好きだ。	I ( ) math.	ライク like
52	あなたはどこに住んでいますか。	Where do you ( ) ?	リヴ live
53	その川は海のように見える。	The river ( ) like the sea.	ルックス looks
54	その話は彼を幸せにするでしょう。	The story will ( ) him happy.	メイク make

3

55	この単語はどのような意味ですか。	What does this word ( )?	ミーン mean
56	あなたは毎日彼に会いますか。	Do you ( ) him every day?	ミート/シー meet/see
57	動くな。	Don't ( ).	ムーヴ move
58	ドアを開けてください。	Please ( ) the door.	オープン open
59	彼女は毎日ピアノを練習する。	She ( ) the piano every day.	プラクティスィズ practices
60	あなたは本をどこに置きましたか。	Where did you ( ) the book?	プット put
61	私の父は新聞を読む。	My father ( ) a newspaper.	リーズ reads
62	私は彼の名前を思い出せない。	I can't ( ) his name.	リメンバー remember
63	彼はとても速く走ることができる。	He can ( ) very fast.	ラン run
64	私は彼に「ありがとう」と言う。	I ( ) to him, "Thank you."	セイ say
65	私は彼女の笑顔が好きだ。	I like her ( ).	スマイル smile
66	私はいつも部屋をきれいにしておく。	I always ( ) my room clean.	キープ keep
67	彼女はあの星を見ることができた。	She could ( ) that star.	シー see
68	これらの写真を見せてください。	( ) me these pictures.	ショウ Show
69	私の娘はじょうずに歌う。	My daughter ( ) well.	シングス sings
70	座ってください。	Please ( ) down.	スィット sit
71	私は昨夜眠れなかった。	I couldn't ( ) last night.	スリープ sleep
72	彼は英語を話す。	He ( ) English.	スピークス speaks

4

73	その店はパンを売っている。	The store (　　　) bread.	セルズ sells
74	古い木が道路のそばに立っている。	An old tree (　　　) by a road.	スタンズ stands
75	学校は4月に始まる。	School (　　　) in April.	スターツ／ビギンズ starts/begins
76	私は日本に滞在する予定だ。	I am going to (　　　) in Japan.	ステイ stay
77	彼らは話すのをやめた。	They (　　　) talking.	ストップト stopped
78	私は毎日英語を勉強する。	I (　　　) English every day.	スタディ study
79	マイクは速く泳ぐことができる。	Mike can (　　　) fast.	スウィム swim
80	カメラを持って行きなさい。	(　　　) your camera with you.	テイク Take
81	私は日本について話すつもりだ。	I'm going to (　　　) about Japan.	トーク talk
82	彼女は私たちに英語を教える。	She (　　　) us English.	ティーチィズ teaches
83	私はあなたにその話をするでしょう。	I will (　　　) you the story.	テル tell
84	私は彼は親切だと思う。	I (　　　) he is kind.	シンク think
85	私は別の方法を試すつもりだ。	I'll (　　　) another way.	トライ try
86	このペンを使ってもいいですか。	May I (　　　) this pen？	ユーズ use
87	これまでに東京を訪れたことがありますか。	Have you ever (　　　) Tokyo？	ヴィズィティッド visited
88	ちょっと待って。	(　　　) a minute.	ウェイト Wait
89	私たちは駅まで歩く。	We (　　　) to the station.	ウォーク walk
90	あなたは何がほしいですか。	What do you (　　　)？	ウォント want

91	彼女は毎日テレビを見る。	She ( ) TV every day.	ウォッチズ watches
92	あなたは手紙を書きましたか。	Did you ( ) a letter?	ライト write
93	彼はロンドンで働いている。	He ( ) in London.	ワークス works
94	私はそれについて話すつもりだ。	I'm going to talk ( ) it.	アバウト about
95	彼女たちは放課後テニスをする。	They play tennis ( ) school.	アフター after
96	彼は橋を歩いて渡った。	He walked ( ) a bridge.	アクロス across
97	明日、午後に会いましょう。	Let's meet tomorrow ( ).	アフタヌーン afternoon
98	私は2日前にそこへ行った。	I went there two days ( ).	アゴー ago
99	トムは全員の中でいちばん速く走る。	Tom runs the fastest of ( ).	オール all
100	私はすでにそれを終えた。	I have ( ) finished it.	オールレディ already
101	私もそう思う。	I ( ) think so.	オールソー also
102	私の母はいつも忙しい。	My mother is ( ) busy.	オールウェイズ always
103	それは人々の間で人気だ。	It is popular ( ) people.	アマング among
104	ケイと私は友だちだ。	Kei ( ) I are friends.	アンド and
105	もう一枚写真を撮ってもらえますか。	Could you take ( ) picture?	アナザー another
106	あなたは何人かの兄弟がいますか。	Do you have ( ) brothers?	エニィ any
107	公園には少女が何人かいた。	There were ( ) girls in the park.	サム some
108	だれか彼を知っていますか。	Does ( ) know him?	エニワン anyone

109	彼はそれについて何も知らない。	He doesn't know (　　　) about it.	エニシング anything
110	私たちは湖の周りを走った。	We ran (　　　) the lake.	アラウンド around
111	ケンはユウジと同じくらい速く泳ぐ。	Ken swims (　　　) fast (　　　) Yuji.	アズ アズ as　as
112	私は駅で彼に会った。	I met him (　　　) the station.	アット at
113	そのネコは走り去った。	The cat ran (　　　).	アウェイ away
114	家に戻って来て。	Come (　　　) home.	バック back
115	彼はそんなに悪い人ではない。	He's not such a (　　　) man.	バッド bad
116	私はバッグを3つ持っている。	I have three (　　　).	バッグズ bags
117	このボールは彼のものだ。	This (　　　) is his.	ボール ball
118	私は兄(弟)と野球をする。	I play (　　　) with my brother.	ベイスボール baseball
119	バスケットボールをしましょう。	Let's play (　　　).	バスケットボール basketball
120	あの花はとても美しい。	That flower is very (　　　).	ビューティフォー beautiful
121	暑かったので、私は家にいた。	I stayed home (　　　) it was hot.	ビコウズ because
122	ケンは11時に寝る。	Ken goes to (　　　) at eleven.	ベッド bed
123	私の父は夕食の前に帰宅した。	My father came home (　　　) dinner.	ビフォー before
124	あなたのバッグは彼女のよりもよい。	Your bag is (　　　) than hers.	ベター better
125	彼は私の親友だ。	He is my (　　　) friend.	ベスト best
126	彼はジョンとベンの間に座った。	He sat (　　　) John and Ben.	ビトウィーン between

127	この箱は4つの中でいちばん大きい。	This box is the (　　　) of the four.	ビゲスト biggest
128	私は自転車で学校へ行く。	I go to school by (　　　).	バイク bike
129	あなたの誕生日はいつですか。	When is your (　　　)?	バースデイ birthday
130	私は黒猫を飼っている。	I have a (　　　) cat.	ブラック black
131	空は青い。	The sky is (　　　).	ブルー blue
132	私の姉(妹)は毎日本を読む。	My sister reads a (　　　) every day.	ブック book
133	私は数学も英語も両方とも好きだ。	I like (　　　) math and English.	ボース both
134	机の上に6つの箱がある。	There are six (　　　) on the desk.	ボクスィズ boxes
135	公園に何人かの少年がいた。	There were some (　　　) in the park.	ボーイズ boys
136	私は7時に朝食をとる。	I have (　　　) at seven.	ブレックファスト breakfast
137	私は兄(弟)とサッカーをする。	I play soccer with my (　　　).	ブラザー brother
138	あの建物が私たちの学校だ。	That (　　　) is our school.	ビルディング building
139	彼はバスで学校へ行く。	He goes to school by (　　　).	バス bus
140	私たちは昨日、忙しかった。	We were (　　　) yesterday.	ビジー busy
141	私はお金はないが、幸せだ。	I have no money, (　　　) I am happy.	バット but
142	その物語は彼によって書かれた。	The story was written (　　　) him.	バイ by
143	彼女はじょうずに泳ぐことができる。	She (　　　) swim well.	キャン can
144	お体をお大事に。	Take (　　　) of yourself.	ケア care

8

145	そこで電車を乗りかえてください。	Please ( ) trains there.	チェンジ change
146	あの子どもを知っていますか。	Do you know that ( )?	チャイルド child
147	彼女には4人の子どもがいる。	She has four ( ).	チルドレン children
148	彼は大きな都市に住んでいる。	He lives in a big ( ).	シティ city
149	1時間目の授業は英語だ。	The first ( ) is English.	クラス class
150	彼は私の同級生だ。	He is my ( ).	クラスメイト classmate
151	彼女の犬はかわいい。	Her dog is ( ).	キュート cute
152	今日は寒い。	It's ( ) today.	コールド cold
153	彼は2台のコンピュータを使う。	He uses two ( ).	コンピューターズ computers
154	彼らの文化は私たちのとは違う。	Their ( ) is different from ours.	カルチャー culture
155	あなたはどこの国の出身ですか。	What ( ) are you from ?	カントリー country
156	日付　9月10日	( )　September 10	デイト Date
157	この夕食はとてもおいしい。	This dinner is ( ).	デリシャス delicious
158	机の上に2冊の本がある。	There are two books on the ( ).	デスク desk
159	彼の考えは私のとは違う。	His idea is ( ) from mine.	ディファレント different
160	この問題は難しい。	This question is ( ).	ディフィカルト difficult
161	私の姉(妹)は夕食の前に勉強する。	My sister studies before ( ).	ディナー dinner
162	ドアを開けなさい。	Open the ( ).	ドアー door

163	座りなさい。	Sit ( ).	ダウン down
164	私の夢は教師になることだ。	My ( ) is to be a teacher.	ドリーム dream
165	私は5日間ここに滞在した。	I stayed here ( ) five days.	フォー for
166	私たちはお互いに知り合いだ。	We have known ( ) other.	イーチ each
167	私は朝早く起きる。	I get up ( ) in the morning.	アーリー early
168	この宿題は彼にとってやさしい。	This homework is ( ) for him.	イーズィー easy
169	私も泳げない。	I can't swim, ( ).	イーザー either
170	他に何がほしいですか。	What ( ) do you want?	エルス else
171	英語を話すことができますか。	Can you speak ( )?	イングリッシュ English
172	彼らは十分な時間がある。	They have ( ) time.	イナフ enough
173	私たちはよい晩を過ごした。	We had a good ( ).	イヴニング evening
174	これまでに日本へ行ったことがありますか。	Have you ( ) been to Japan?	エヴァー ever
175	私たちは毎日走らなければならない。	We must run ( ) day.	エヴリィ every
176	みんなが彼女を好きだ。	( ) likes her.	エヴリワン Everyone
177	彼は全てを失った。	He lost ( ).	エヴリシング everything
178	例えば、彼は親切そうだ。	For ( ), he looks kind.	イグザンプー example
179	それはわくわくさせる試合だった。	It was an ( ) game.	エクサイティング exciting
180	彼女は青い目をしている。	She has blue ( ).	アイズ eyes

10

181	私は彼女の顔を見たい。	I want to see her ( ).	フェイス face
182	私は5人家族だ。	There are five people in my ( ).	ファミリー family
183	彼は有名なサッカー選手だ。	He is a ( ) soccer player.	フェイマス famous
184	私の兄(弟)は速く走る。	My brother runs ( ).	ファスト fast
185	私の父は親切だ。	My ( ) is kind.	ファーザー father
186	私のいちばん好きな教科は英語だ。	My ( ) subject is English.	フェイバリット favorite
187	今日はいい天気だ。	It's a ( ) day today.	ファイン fine
188	人間は火を使うことができる。	Human can use ( ).	ファイアー fire
189	私の母は魚を料理する。	My mother cooks ( ).	フィッシュ fish
190	私の家はここから遠い。	My house is ( ) from here.	ファー far
191	私は日本食が好きだ。	I like Japanese ( ).	フード food
192	私は外国へ行きたい。	I want to go to ( ) countries.	フォーリン foreign
193	それは私にとって難しい。	It's difficult ( ) me.	フォー for
194	今日はひまですか。	Are you ( ) today ?	フリー free
195	私たちは親友だ。	We are best ( ).	フレンズ friends
196	その列車はここから出発する。	The train starts ( ) here.	フロム from
197	サッカーをすることはおもしろい。	Playing soccer is ( ).	ファン fun
198	彼らはよい試合をした。	They had a good ( ).	ゲーム game

11

199	彼女はとてもかわいい少女だ。	She is a very pretty ( ).	ガール girl
200	あなたに会えてうれしい。	I'm ( ) to meet you.	グラッド glad
201	おやすみなさい。	( ) night.	グッド Good
202	彼は偉大な芸術家だ。	He is a ( ) artist.	グレート great
203	私のお気に入りの色は緑だ。	My favorite color is ( ).	グリーン green
204	彼女の髪は長い。	Her ( ) is long.	ヘアー hair
205	彼女の手は美しい。	Her ( ) are beautiful.	ハンズ hands
206	あなたは幸せそうに見える。	You look ( ).	ハッピー happy
207	私の両親は一生懸命に働く。	My parents work ( ).	ハード hard
208	私の頭をさわるな。	Don't touch my ( ).	ヘッド head
209	ここに座ってください。	Please sit down ( ).	ヒアー here
210	私は高校生だ。	I'm a ( ) school student.	ハイ high
211	よい休日を。	Have a good ( ).	ホリデー holiday
212	私は家にいるつもりだ。	I'll stay ( ).	ホーム home
213	私はちょうど宿題を終えたところだ。	I have just finished my ( ).	ホームワーク homework
214	ケンは病院にいる。	Ken is in the ( ).	ホスピタル hospital
215	今日は暑い。	It's ( ) today.	ホット hot
216	私たちは3時間歩いた。	We walked for three ( ).	アワーズ hours

		1回目	2回目	3回目
		/18 問	/18 問	/18 問

217	明日、私の家に来て。	Come to my (　　) tomorrow.	ハウス house
218	あなたは何歳ですか。	(　　) old are you ?	ハウ How
219	私はお腹がすいている。	I'm (　　).	ハングリー hungry
220	それはよい考えだ。	That's a good (　　).	アイディア idea
221	もし明日雨なら、私は家にいる。	(　　) it's rainy tomorrow, I'll stay home.	イフ If
222	本を読むことは重要だ。	It's (　　) to read books.	インポータント important
223	彼女はその町に住んでいる。	She lives (　　) the town.	イン in
224	私は科学に興味がある。	I'm (　　) in science.	インタレステッド interested
225	私の部屋に入りなさい。	Come (　　) my room.	イントゥ into
226	私は日本で生まれた。	I was born in (　　).	ジャパン Japan
227	彼は日本語を話す。	He speaks (　　).	ジャパニーズ Japanese
228	彼は中学生だ。	He is a (　　) high school student.	ジュニア junior
229	彼女はちょうど着いたところだ。	She has (　　) arrived.	ジャスト just
230	お年寄りに親切にしなさい。	Be (　　) to old people.	カインド kind
231	私は湖の近くに住んでいる。	I live near the (　　).	レイク lake
232	あなたは何語を話しますか。	What (　　) do you speak ?	ラングウィッジ language
233	アメリカは広い。	America is (　　).	ラージ large
234	全ての中でどれがいちばん大きいですか。	Which is the (　　) of all ?	ラージェスト／ビゲスト largest/biggest

235	遅れないで。	Don't be ( ).	レイト late
236	また、あとで。	See you ( ).	レイター later
237	私は昨年トムに会った。	I met Tom ( ) year.	ラスト last
238	左に曲がりなさい。	Turn ( ).	レフト left
239	いっしょに行きましょう。	( ) go together.	レッツ Let's
240	私は彼に手紙を書いた。	I wrote a ( ) to him.	レター letter
241	図書館へ行きましょう。	Let's go to the ( ).	ライブラリー library
242	彼らは学校生活を楽しんでいる。	They enjoy their school ( ).	ライフ life
243	あの小さな少年は私の息子だ。	That ( ) boy is my son.	リトル little
244	彼女は長い時間待った。	She waited for a ( ) time.	ロング long
245	彼はたくさんの本を持っている。	He has a ( ) of books.	ロット lot
246	あなたは昼食に何を食べたいですか。	What do you want to eat for ( )?	ランチ lunch
247	その男性は親切だ。	The ( ) is kind.	マン man
248	あなたは本を何冊持っていますか。	How ( ) books do you have?	メニィ many
249	私は数学がとても好きだ。	I like ( ) very much.	マス math
250	お茶をくださいませんか。	( ) I have a tea?	メイ / キャン May/ Can
251	彼はテニス部の一員だ。	He is a ( ) of the tennis club.	メンバー member
252	授業は 2,3 分で始まる。	The class starts in a few ( ).	ミニッツ minutes

253	私たちはお金が全くない。	We have no ( ).	マネー money
254	私は何か月も彼女に会っていない。	I haven't seen her for ( ).	マンツ months
255	トムはボブよりもっとゆっくり歩く。	Tom walks ( ) slowly than Bob.	モア more
256	彼女は毎朝早く起きる。	She gets up early every ( ).	モーニング morning
257	これは全ての中でいちばん有名だ。	This is the ( ) famous of all.	モースト most
258	あなたのお母さんは何歳ですか。	How old is your ( )?	マザー mother
259	あの山はとても高い。	That ( ) is very high.	マウンテン mountain
260	あなたの好きな映画は何ですか。	What ( ) do you like?	ムービー movie
261	それはいくらですか。	How ( ) is it?	マッチ much
262	あなたは音楽が好きですか。	Do you like ( )?	ミュージック music
263	私は宿題をしなければならない。	I ( ) do my homework.	マスト must
264	あの木の近くに座りなさい。	Sit down ( ) that tree.	ニア near
265	彼は一度も日本へ行ったことがない。	He has ( ) been to Japan.	ネバー never
266	私は新しいイスがほしい。	I want a ( ) chair.	ニュー new
267	それはよい知らせだ。	It's good ( ).	ニューズ news
268	私は来月ロンドンへ行くつもりだ。	I'll go to London ( ) month.	ネクスト next
269	昨夜はあたたかかった。	It was warm last ( ).	ナイト night
270	正午に昼食をとりましょう。	Let's have lunch at ( ).	ヌーン noon

15

271	私はノートを7冊買った。	I bought seven ( ).	ノートブックス notebooks
272	彼はそれについて何も言わなかった。	He said ( ) about it.	ナッシング nothing
273	彼はみんなの中でいちばんじょうずに泳ぐ。	He swims the best ( ) all.	オブ of
274	私は火曜日は休みだ。	I am ( ) on Tuesday.	オフ off
275	彼女はしばしばそこへ行った。	She ( ) went there.	オーフン often
276	その建物は日本でいちばん古い。	The building is the ( ) in Japan.	オールディスト oldest
277	あなたのお皿はテーブルの上にある。	Your dish is ( ) the table.	オン on
278	彼は魚だけでなく肉も好きだ。	He likes not ( ) fish but also meat.	オンリー only
279	紅茶かコーヒーを飲んでもいいですか。	Can I drink tea ( ) coffee ?	オア or
280	何か他によい本はありますか。	Are there any ( ) good books ?	アザー other
281	私は5時に外出した。	I went ( ) at five.	アウト out
282	彼女は世界中で愛されている。	She's loved all ( ) the world.	オーヴァー over
283	彼らは私の両親だ。	They are my ( ).	ペアレンツ parents
284	私は公園で毎日走る。	I run in the ( ) every day.	パーク park
285	彼はえんぴつを何本買いましたか。	How many ( ) did he buy ?	ペンシルズ pencils
286	図書館には多くの人々がいた。	There were many ( ) in the library.	ピープル people
287	この写真(絵)は私のものだ。	This ( ) is mine.	ピクチャー picture
288	この場所はとても美しい。	This ( ) is very beautiful.	プレイス place

289	どうぞ座ってください。	(　　　) sit down.	ブリーズ Please
290	この歌は人気がある。	This song is (　　　).	ポピュラー popular
291	これは難しい問題だ。	This is a difficult (　　　).	プロブレム problem
292	質問してもいいですか。	May I ask a (　　　)?	クウェスチョン question
293	今日は雨だ。	It's (　　　) today.	レイニー rainy
294	まあ、本当ですか。	Oh, (　　　)?	リアリー really
295	そのパンは米で作られている。	The bread is made from (　　　).	ライス rice
296	あなたは正しい。	You're (　　　).	ライト right
297	この川は長い。	This (　　　) is long.	リバー river
298	あなたの部屋はどっちですか。	Which is your (　　　)?	ルーム room
299	私はとても悲しかった。	I felt very (　　　).	サッド sad
300	彼らは同じ学校へ通っている。	They go to the (　　　) school.	セイム same
301	私は理科を教えている。	I teach (　　　).	サイエンス science
302	あなたの学校はどこですか。	Where is your (　　　)?	スクール school
303	海にはたくさんの魚がいる。	There are many fish in the (　　　).	シー sea
304	日本には四季がある。	There are four (　　　) in Japan.	シーズンズ seasons
305	人生は短い。	Life is (　　　).	ショート short
306	あなたはそれをすぐにすべきだ。	You (　　　) do it soon.	シュッド should

307	彼は病気になった。	He got (　　　).	シック sick
308	私は昨日からずっと忙しい。	I've been busy (　　　) yesterday.	シンス since
309	彼女と私は姉妹だ。	She and I are (　　　).	シスターズ sisters
310	このボールは小さい。	This ball is (　　　).	スモール small
311	それは面白そうに聞こえる。	It (　　　) interesting.	サウンズ sounds
312	そんなに速く話さないで。	Don't speak (　　　) fast.	ソー so
313	机の上に何冊かの本がある。	There are (　　　) books on the desk.	サム some
314	だれかがドアのところにいる。	(　　　) is at the door.	サムワン Someone
315	何か飲み物をください。	Give me (　　　) to drink.	サムシング something
316	私はときどきピアノをひく。	I (　　　) play the piano.	サムタイムズ sometimes
317	私は歌を歌う。	I sing a (　　　).	ソング song
318	私はすぐに戻るつもりだ。	I'll be back (　　　).	スーン soon
319	あなたは何のスポーツが好きですか。	What (　　　) do you like ?	スポーツ sport
320	空に星はなかった。	There were no (　　　) in the sky.	スターズ stars
321	列車が駅に入ってきた。	The train came into the (　　　).	ステイション station
322	彼はまだそこにいるのですか。	Is he (　　　) there ?	スティル still
323	その話はとても有名だ。	The (　　　) is very famous.	ストーリー story
324	彼の家はこの通りにある。	His house is on this (　　　).	ストリート street

325	この建物は強い。	This building is (　　).	ストロング strong
326	彼女は高校生だ。	She is a high school (　　).	ステューデント student
327	あなたはどの教科が好きですか。	Which (　　) do you like ?	サブジェクト subject
328	太陽がのぼった。	The (　　) rose.	サン sun
329	晴れた日だ。	It's a (　　) day.	サニー/ファイン sunny/fine
330	私たちはまた会うと確信している。	I'm (　　) that we will see again.	シュアー sure
331	あのテーブルを見て。	Look at that (　　).	テイボー table
332	彼は彼のお父さんと同じくらい背が高い。	He is as (　　) as his father.	トール tall
333	私は教師になりたい。	I want to be a (　　).	ティーチャー teacher
334	私は太郎よりゆっくり歩く。	I walk more slowly (　　) Taro.	ザン than
335	私はそのとき、テレビを見ていた。	I was watching TV (　　).	ゼン then
336	あなたはそこで何をしていましたか。	What were you doing (　　) ?	ゼア there
337	これらはリンゴだ。	(　　) are apples.	ズィーズ These
338	私はすることがたくさんある。	I have a lot of (　　) to do.	シングス things
339	あれらのペンは彼のものだ。	(　　) pens are his.	ゾーズ Those
340	川は村の中を流れている。	The river runs (　　) the village.	スルー through
341	私たちは時間がない。	We don't have (　　).	タイム time
342	私は疲れていた。	I was (　　).	タイアード tired

19

343	彼らはニューヨークへ行った。	They went (　　　) New York.	トゥ to
344	今日は月曜日だ。	It's Monday (　　　).	トゥデイ today
345	いっしょにサッカーをしよう。	Let's play soccer (　　　).	トゥゲザー together
346	明日は何をするつもりですか。	What are you going to do (　　　)?	トゥモロー tomorrow
347	私は列車で旅行をするつもりだ。	I'll travel by (　　　).	トレイン train
348	一本の大きい木がある。	There is a big (　　　).	ツリー tree
349	少女が木の下に立っている。	The girl is standing (　　　) a tree.	アンダー under
350	彼が来るまでここで待っていて。	Wait here (　　　) he comes.	アンティル until
351	私はイスから立ち上がった。	I stood (　　　) from a chair.	アップ up
352	この本はとても役に立った。	This book was very (　　　).	ユースフル useful
353	私はふつう6時に起きる。	I (　　　) get up at six.	ユージュアリー usually
354	私たちは夏休みを楽しんだ。	We enjoyed our summer (　　　).	ヴェイケイション vacation
355	彼は村の生活を楽しんだ。	He enjoyed the (　　　) life.	ヴィレッジ village
356	あたたかくなってきた。	It's getting (　　　).	ウォーム warm
357	水をください。	Please give me (　　　).	ウォーター water
358	私は彼に駅への道を聞いた。	I asked him the (　　　) to the station.	ウェイ way
359	今日は天気がいい。	The (　　　) is good today.	ウェザー weather
360	私は一週間前に東京へ行った。	I went to Tokyo a (　　　) ago.	ウィーク week

20

361	あなたは何が好きですか。	( ) do you like ?	ファット What
362	あなたはいつ日本へ来ましたか。	( ) did you come to Japan ?	フェン When
363	あなたはどこにお住まいですか。	( ) do you live ?	フェアー Where
364	あなたの車はどちらですか。	( ) is your car ?	フィッチ Which
365	あの少年はだれですか。	( ) is that boy ?	フー Who
366	これはだれのバックですか。	( ) bag is this ?	フーズ Whose
367	なぜあなたはそれを忘れたのですか。	( ) did you forget it ?	ホワイ Why
368	手を洗いなさい。	( ) your hands.	ウォッシュ Wash
369	彼女はすぐに戻るでしょう。	She ( ) come back soon.	ウィル will
370	窓を開けなさい。	Open the ( ).	ウィンドウ window
371	彼はペンを使ってこの手紙を書いた。	He wrote this letter ( ) a pen.	ウィズ with
372	私たちは水なしでは生きられない。	We cannot live ( ) water.	ウィズアウト without
373	あの女性は彼のお母さんだ。	That ( ) is his mother.	ウーマン woman
374	あなたはすばらしい人だ。	You are a ( ) man.	ワンダフル wonderful
375	一言もしゃべるな。	Don't say a ( ).	ワード word
376	それは世界中で愛されている。	It's loved all over the ( ).	ワールド world
377	心配しないで。	Don't ( ).	ウォーリー worry
378	私は毎日、一生懸命に働く。	I ( ) hard every day.	ワーク work

21

379 あなたは間違っている。　　　You are (　　　).

380 私は 15 歳だ。　　　I'm fifteen (　　　) old.

381 私たちは昨日、忙しかった。　　　We were busy (　　　).

382 あなたは彼にもう会いましたか。　　　Have you seen him (　　　)?

383 彼はそのとき若かった。　　　He was (　　　) then.

ロ ン グ
wrong

イヤーズ
years

イェスタデイ
yesterday

イェット
yet

ヤ ン グ
young

1回目	2回目	3回目
/10 問	/10 問	/10 問

1　12 冊の本がある。

　　(　　　)(　　　) twelve books.

ゼ ア
There
アー
are

2　あなたはオレンジを何個持っていますか。

　　(　　)(　　) oranges do you have ?

ハ ウ
How
メ ニ ィ
many

3　そのバッグはいくらですか。

　　(　　)(　　) is the bag ?

ハ ウ
How
マ ッ チ
much

4　あなたは週に何回サッカーをしますか。

　　(　　)(　　) do you play soccer in a week ?

ハ ウ
How
オ ー フ ン
often

5　あなたはどれくらい長く日本にいたのですか。

　　(　　)(　　) did you stay in Japan ?

ハ ウ
How
ロ ン グ
long

6　あなたのお姉さん(妹さん)は何歳ですか。

　　(　　)(　　) is your sister ?

ハ ウ
How
オ ー ル ド
old

7　今、何時ですか。

　　(　　)(　　) is it now ?

ファ ッ ト
What
タ イ ム
time

8　私は父は忙しいと思う。

　　(　　)(　　) that my father is busy.

ア イ
I
シ ン グ
think

9　私はあなたがこの部屋を気に入ることを望む。

　　(　　)(　　) that you like this room.

ア イ
I
ホ ー プ
hope

10　私の言うことを聞いて。

　　(　　)(　　) me.

リ ッ ス ン
Listen
ト ゥ
to

11 私はあなたにこの本をあげるつもりだ。

I am (　　　)(　　　) give you this book.

> going
> to

12 私たちは宿題をしなければならない。

We (　　　)(　　　) do our homework.

> have
> to

13 彼女はそこへ行く必要はない。

She (　　　)(　　　)(　　　) go there.

> doesn't
> have | to

14 私たちは教室で走ってはいけない。

We (　　　)(　　　) run in the classroom.

> must
> not

15 この家は数か月前に建てられた。

This house was built (　　　)(　　　) months ago.

> a
> few

16 私は少しお金を持っている。

I have (　　　)(　　　) money.

> a
> little

17 箱の中にたくさんのりんごがある。

There are (　　　)(　　　)(　　　) apples in the box.

> a | lot
> of

18 私の家族は毎朝7時に起きる。

My family (　　　)(　　　) at seven every morning.

> gets
> up

19 私の兄(弟)は昨夜、9時に寝た。

My brother (　　　)(　　　)(　　　) at nine last night.

> went
> to | bed

20 彼は英語だけでなく、日本語も話す。

He speaks (　　　)(　　　) English, (　　　)(　　　) Japanese.

> not | only
> but | also

24

21 図書館までの道を教えてもらえますか。

( )( ) tell me the way to the library ?

> キャン クッド
> Can (Could)
> ユー
> you

22 窓を開けましょうか。

( )( ) open the window ?

> シャル
> Shall
> アイ
> I

23 質問してもいいですか。

( )( ) ask you a question ?

> メイ キャン
> May, Can
> アイ
> I

24 そのレストランは人でいっぱいだった。

The restaurant was ( )( ) people.

> フル
> full
> オヴ
> of

25 来てくれてありがとう。

Thank you ( )( ).

> フォー
> for
> カミング
> coming

26 私は音楽に興味がある。

I'm ( )( ) music.

> インタレステッド
> interested
> イン
> in

27 彼は有名な作家として知られている。

He is ( )( ) a famous writer.

> ノウン
> known
> アズ
> as

28 彼らはその知らせを聞いて驚いた。

They were ( )( ) hear the news.

> サプライズド
> surprised
> トゥ
> to

29 この机は木でできている。

This desk is ( )( ) wood.

> メイド
> made
> オヴ
> of

30 そのパンは米から作られている。

The bread is ( )( ) rice.

> メイド
> made
> フロム
> from

31 彼女はトムとベンの間に座った。

She sat (　　) Tom (　　) Ben.

32 ケンと私は2人とも熊本の出身だ。

(　　) Ken (　　) I are from Kumamoto.

33 あなたの出身はどこですか。

Where (　　) you (　　)?

34 私の家の前に公園がある。

There is a park (　　)(　　)(　　) my house.

35 彼女はダンスをすることが得意だ。

She (　　)(　　)(　　) dancing.

36 私たちは雨のために外出しなかった。

We didn't go out (　　)(　　) the rain.

37 私はすぐに彼女の家へ着いた。

I (　　)(　　) her house soon.

38 あなたは何をさがしているのですか。

What are you (　　)(　　)?

39 私は毎日犬の世話をする。

I (　　)(　　)(　　) my dog every day.

40 私はいくつかの都市、例えば奈良や京都を訪れた。

I visited some cities, (　　)(　　), Nara and Kyoto.

between / and

Both / and

are / from

in front / of

is good / at

because / of

got to / arrived at

looking / for

take care / of

for / example

26

	1回目	2回目	3回目
	/10 問	/10 問	/10 問

41 私の父は月曜日から金曜日まで働く。

My father works (　　) Monday (　　) Friday.

from

トゥ
to

42 彼は辞書の使い方を知らない。

He doesn't know (　　)(　　) use a dictionary.

ハウ
how

トゥ
to

43 私は何と言ってよいかわからなかった。

I didn't know (　　)(　　) say.

ファット
what

トゥ
to

44 放課後、何をするつもりですか。

What are you going to do (　　)(　　) ?

アフター
after

スクール
school

45 私の母は父と同じくらい一生懸命に働く。

My mother works (　　) hard (　　) my father.

アズ
as

アズ
as

46 次の日曜日はどうですか。

(　　)(　　) next Sunday ?

ハウ
How

アバウト
about

47 私は兄(弟)を待っている。

I am (　　)(　　) my brother.

ウェイティング
waiting

フォー
for

48 私は彼にパーティーに来てほしい。

I (　　) him (　　) come to the party.

ウォント
want

トゥ
to

49 彼らはパーティーで楽しく過ごした。

They (　　)(　　)(　　)(　　) at the party.

ハド　　ア
had　　a

グッド　タイム
good　time

50 私はそのバスに乗った。

I (　　)(　　) the bus.

ゴット
got

オン
on

27

51 向こうにいるあの少女はだれですか。

Who is that girl (　　)(　　)?

52 彼女は初めは英語が話せなかった。

She couldn't speak English (　　)(　　).

53 私は決してあきらめない。

I never (　　)(　　).

54 それは果物の一種である。

It's (　　)(　　)(　　) fruit.

55 私はあなたと同じバッグを持っている。

I have (　　)(　　) bag (　　) yours.

56 すぐに戻ってきなさい。

(　　)(　　) soon.

57 それは犬みたいだ。

It (　　)(　　) a dog.

58 彼らはお互いに助け合った。

They helped (　　)(　　).

59 私は喜んで行くつもりだ。

I'll be (　　)(　　) go.

60 彼は駅に着いた。

He (　　)(　　) the station.

オーヴァー
over

ゼアー
there

アット
at

ファースト
first

ギヴ
give

アップ
up

ア
a

カインド
kind

オヴ
of

ザ
the

セイム
same

アズ
as

カム
Come

バック
back

ルックス
looks

ライク
like

イーチ
each

アザー
other

グラッド
glad

トゥ
to

ゴット
got

トゥ
to

28

61　あなたに会えるのを楽しみにしている。

　　I'm looking (　　)(　　) seeing you.

フォーワード forward
トゥ to

62　私はこの手紙を送る必要がある。

　　I (　　)(　　) send this letter.

ニード need
トゥ to

入試に出る単語

次の英文を訳しなさい。

	1回目	2回目	3回目
	/18 問	/18 問	/18 問

1　My birthday is January.　（　　　　　　　　　　）　私の誕生日は1月だ。

2　It's cold in February.　（　　　　　　　　　　）　2月は寒い。

3　It's March 7 today.　（　　　　　　　　　　）　今日は3月7日だ。

4　It's warm in April.　（　　　　　　　　　　）　4月はあたたかい。

5　There is a festival in May.　（　　　　　　　　）　5月にお祭りがある。

6　June has a lot of rain.　（　　　　　　　　　　）　6月は雨が多い。

7　July is a very hot month.　（　　　　　　　　　）　7月はとても暑い月だ。

8　August is summer vacation.　（　　　　　　　　）　8月は夏休みだ。

9　Our school begins in September.　（　　　　　　）　私たちの学校は9月に始まる。

10　October is a good season.　（　　　　　　　　）　10月はよい季節だ。

11　November is fall.　（　　　　　　　　　　）　11月は秋だ。

12　It's December 31 today.　（　　　　　　　　）　今日は12月31日だ。

13　Sunday is a holiday.　（　　　　　　　　　　）　日曜日は休日だ。

14　School starts on Monday.　（　　　　　　　　）　学校は月曜日に始まる。

15　We play soccer on Tuesday.　（　　　　　　　）　私たちは火曜日にサッカーをする。

16　It's Wednesday today.　（　　　　　　　　　）　今日は水曜日だ。

17　I get up early on Thursday.　（　　　　　　　）　木曜日は早く起きる。

18　Friday is busy.　（　　　　　　　　　　）　金曜日は忙しい。

19 Tomorrow is Saturday.　　　（　　　　　　　　　）　明日は土曜日だ。

20 I like spring the best.　　　（　　　　　　　　　）　私は春がいちばん好きだ。

21 I enjoyed my summer vacation.　（　　　　　　　　）　私は夏休みを楽しんだ。

22 Fall is short.　　　　　　　（　　　　　　　　　）　秋は短い。

23 It's very cold in winter.　　（　　　　　　　　　）　冬はとても寒い。

24 May I ask a question ?　　　（　　　　　　　　　）　質問してもいいですか。

25 I can answer the question.　（　　　　　　　　　）　私はその質問に答えることができる。

26 I want to be a teacher.　　（　　　　　　　　　）　私は教師になりたい。

27 Please bring your bag.　　（　　　　　　　　　）　あなたのバッグを持ってきてください。

28 They're going to build a house.　（　　　　　　　）　彼らは家を建てる予定だ。

29 They call him Mike.　　　（　　　　　　　　　）　彼女たちは彼をマイクと呼ぶ。

30 Please come here.　　　　（　　　　　　　　　）　ここに来てください。

31 I catch the ball with my hand.　（　　　　　　　）　私は手でボールを受け止める。

32 Did you clean your room ?　（　　　　　　　　　）　あなたは部屋を掃除しましたか。

33 The shop closes at nine.　（　　　　　　　　　）　その店は9時に閉まる。

34 Don't cry.　　　　　　　（　　　　　　　　　）　泣かないで。

35 We drink some coffee.　　（　　　　　　　　　）　私たちはコーヒーを飲む。

36 I eat breakfast at seven.　（　　　　　　　　　）　私は7時に朝食を食べる。

37 They enjoy playing baseball. (　　　　　　　) 彼らは野球をして楽しむ。

38 I feel happy. (　　　　　　　) 私は幸せだと感じる。

39 Let's find the book. (　　　　　　　) その本を見つけましょう。

40 Don't forget my name. (　　　　　　　) 私の名前を忘れないで。

41 I finished writing a letter. (　　　　　　　) 私は手紙を書き終えた。

42 Give me something to drink. (　　　　　　　) 何か飲み物をください。

43 She didn't get a letter. (　　　　　　　) 彼女は手紙を受け取らなかった。

44 They go to school by bus. (　　　　　　　) 彼らはバスで学校へ行く。

45 Please help me. (　　　　　　　) 私を手伝ってください。

46 Do you have a book ? (　　　　　　　) あなたは本を持っていますか。

47 I was glad to hear the news. (　　　　　　　) 私はそのニュースを聞いてうれしかった。

48 I don't know about *judo*. (　　　　　　　) 私は柔道について知らない。

49 What did you learn at school ? (　　　　　　　) あなたは学校で何を学びましたか。

50 I leave home at six every morning. (　　　　　　　) 私は毎朝6時に家を出る。

51 I like math. (　　　　　　　) 私は数学が好きだ。

52 Where do you live ? (　　　　　　　) あなたはどこに住んでいますか。

53 The river looks like the sea. (　　　　　　　) その川は海のように見える。

54 The story will make him happy. (　　　　　　　) その話は彼を幸せにするでしょう。

55　What does this word mean ?　(　　　　　　　　) | この単語はどのような意味ですか。

56　Do you meet him every day ?　(　　　　　　　　) | あなたは毎日彼に会いますか。

57　Don't move.　(　　　　　　　　) | 動くな。

58　Please open the door.　(　　　　　　　　) | ドアを開けてください。

59　She practices the piano every day.　(　　　　　　　　) | 彼女は毎日ピアノを練習する。

60　Where did you put the book ?　(　　　　　　　　) | あなたは本をどこに置きましたか。

61　My father reads a newspaper.　(　　　　　　　　) | 私の父は新聞を読む。

62　I can't remember his name.　(　　　　　　　　) | 私は彼の名前を思い出せない。

63　He can run very fast.　(　　　　　　　　) | 彼はとても速く走ることができる。

64　I say to him, "Thank you."　(　　　　　　　　) | 私は彼に「ありがとう」と言う。

65　I like her smile.　(　　　　　　　　) | 私は彼女の笑顔が好きだ。

66　I always keep my room clean.　(　　　　　　　　) | 私はいつも部屋をきれいにしておく。

67　She could see that star.　(　　　　　　　　) | 彼女はあの星を見ることができた。

68　Show me these pictures.　(　　　　　　　　) | これらの写真を見せてください。

69　My daughter sings well.　(　　　　　　　　) | 私の娘はじょうずに歌う。

70　Please sit down.　(　　　　　　　　) | 座ってください。

71　I couldn't sleep last night.　(　　　　　　　　) | 私は昨夜眠れなかった。

72　He speaks English.　(　　　　　　　　) | 彼は英語を話す。

73　The store sells bread.　　　（　　　　　　　　　）　その店はパンを売っている。

74　An old tree stands by a road.　（　　　　　　　　　）　古い木が道路のそばに立っている。

75　School starts in April.　　　（　　　　　　　　　）　学校は4月に始まる。

76　I am going to stay in Japan.　（　　　　　　　　　）　私は日本に滞在する予定だ。

77　They stopped talking.　　　（　　　　　　　　　）　彼らは話すのをやめた。

78　I study English every day.　　（　　　　　　　　　）　私は毎日英語を勉強する。

79　Mike can swim fast.　　　（　　　　　　　　　）　マイクは速く泳ぐことができる。

80　Take your camera with you.　（　　　　　　　　　）　カメラを持って行きなさい。

81　I'm going to talk about Japan.　（　　　　　　　　　）　私は日本について話すつもりだ。

82　She teaches us English.　　（　　　　　　　　　）　彼女は私たちに英語を教える。

83　I will tell you the story.　　　（　　　　　　　　　）　私はあなたにその話をするでしょう。

84　I think he is kind.　　　　（　　　　　　　　　）　私は彼は親切だと思う。

85　I'll try another way.　　　（　　　　　　　　　）　私は別の方法を試すつもりだ。

86　May I use this pen?　　　（　　　　　　　　　）　このペンを使ってもいいですか。

87　Have you ever visited Tokyo?　（　　　　　　　　　）　これまでに東京を訪れたことがありますか。

88　Wait a minute.　　　　　（　　　　　　　　　）　ちょっと待って。

89　We walk to the station.　　（　　　　　　　　　）　私たちは駅まで歩く。

90　What do you want?　　　（　　　　　　　　　）　あなたは何がほしいですか。

34

	1回目	2回目	3回目
	/18 問	/18 問	/18 問

91　She watches TV every day. (　　　　　　　　　)　｜彼女は毎日テレビを見る。

92　Did you write a letter ? (　　　　　　　　　)　｜あなたは手紙を書きましたか。

93　He works in London. (　　　　　　　　　)　｜彼はロンドンで働いている。

94　I'm going to talk about it. (　　　　　　　　　)　｜私はそれについて話すつもりだ。

95　They play tennis after school. (　　　　　　　　　)　｜彼女たち(彼ら)は放課後、テニスをする。

96　He walked across a bridge. (　　　　　　　　　)　｜彼は橋を歩いて渡った。

97　Let's meet tomorrow afternoon. (　　　　　　　　　)　｜明日、午後に会いましょう。

98　I went there two days ago. (　　　　　　　　　)　｜私は2日前にそこへ行った。

99　Tom runs the fastest of all. (　　　　　　　　　)　｜トムは全員の中でいちばん速く走る。

100　I have already finished it. (　　　　　　　　　)　｜私はすでにそれを終えた。

101　I also think so. (　　　　　　　　　)　｜私もそう思う。

102　My mother is always busy. (　　　　　　　　　)　｜私の母はいつも忙しい。

103　It is popular among people. (　　　　　　　　　)　｜それは人々の間で人気だ。

104　Kei and I are friends. (　　　　　　　　　)　｜ケイと私は友だちだ。

105　Could you take another picture ? (　　　　　　　　　)　｜もう一枚写真を撮ってもらえますか。

106　Do you have any brothers ? (　　　　　　　　　)　｜あなたは何人かの兄弟がいますか。

107　There were some girls in the park. (　　　　　　　　　)　｜公園には少女が何人かいた。

108　Does anyone know him ? (　　　　　　　　　)　｜だれか彼を知っていますか。

109 He doesn't know anything about it. ( ) 彼はそれについて何も知らない。

110 We ran around the lake. ( ) 私たちは湖の周りを走った。

111 Ken swims as fast as Yuji. ( ) ケンはユウジと同じくらい速く泳ぐ。

112 I met him at the station. ( ) 私は駅で彼に会った。

113 The cat ran away. ( ) そのネコは走り去った。

114 Come back home. ( ) 家に戻って来て。

115 He's not such a bad man. ( ) 彼はそんなに悪い人ではない。

116 I have three bags. ( ) 私はバッグを3つ持っている。

117 This ball is his. ( ) このボールは彼のものだ。

118 I play baseball with my brother. ( ) 私は兄(弟)と野球をする。

119 Let's play basketball. ( ) バスケットボールをしましょう。

120 That flower is very beautiful. ( ) あの花はとても美しい。

121 I stayed home because it was hot. ( ) 暑かったので、私は家にいた。

122 Ken goes to bed at eleven. ( ) ケンは11時に寝る。

123 My father came home before dinner. ( ) 私の父は夕食の前に帰宅した。

124 Your bag is better than hers. ( ) あなたのバッグは彼女のよりもよい。

125 He is my best friend. ( ) 彼は私の親友だ。

126 He sat between John and Ben. ( ) 彼はジョンとベンの間に座った。

|127| This box is the biggest of the four. (   ) | この箱は 4 つの中でいちばん大きい。 |

|128| I go to school by bike. (   ) | 私は自転車で学校へ行く。 |

|129| When is your birthday ? (   ) | あなたの誕生日はいつですか。 |

|130| I have a black cat. (   ) | 私は黒猫を飼っている。 |

|131| The sky is blue. (   ) | 空は青い。 |

|132| My sister reads a book every day. (   ) | 私の姉(妹)は毎日本を読む。 |

|133| I like both math and English. (   ) | 私は数学も英語も両方とも好きだ。 |

|134| There are six boxes on the desk. (   ) | 机の上に 6 つの箱がある。 |

|135| There were some boys in the park. (   ) | 公園に何人かの少年がいた。 |

|136| I have breakfast at seven. (   ) | 私は 7 時に朝食をとる。 |

|137| I play soccer with my brother. (   ) | 私は兄(弟)とサッカーをする。 |

|138| That building is our school. (   ) | あの建物が私たちの学校だ。 |

|139| He goes to school by bus. (   ) | 彼はバスで学校へ行く。 |

|140| We were busy yesterday. (   ) | 私たちは昨日、忙しかった。 |

|141| I have no money, but I am happy. (   ) | 私はお金はないが、幸せだ。 |

|142| The story was written by him. (   ) | その物語は彼によって書かれた。 |

|143| She can swim well. (   ) | 彼女はじょうずに泳ぐことができる。 |

|144| Take care of yourself. (   ) | お体をお大事に。 |

	1回目	2回目	3回目
	/18問	/18問	/18問

145 Please change trains there. (　　　　　　) | そこで電車を乗りかえてください。

146 Do you know that child ? (　　　　　　) | あの子どもを知っていますか。

147 She has four children. (　　　　　　) | 彼女には4人の子どもがいる。

148 He lives in a big city. (　　　　　　) | 彼は大きな都市に住んでいる。

149 The first class is English. (　　　　　　) | 1時間目の授業は英語だ。

150 He is my classmate. (　　　　　　) | 彼は私の同級生だ。

151 Her dog is cute. (　　　　　　) | 彼女の犬はかわいい。

152 It's cold today. (　　　　　　) | 今日は寒い。

153 He uses two computers. (　　　　　　) | 彼は2台のコンピュータを使う。

154 Their culture is different from ours. (　　　　　　) | 彼らの文化は私たちのとは違う。

155 What country are you from ? (　　　　　　) | あなたはどこの国の出身ですか。

156 Date　September 10 (　　　　　　) | 日付　9月10日

157 This dinner is delicious. (　　　　　　) | この夕食はとてもおいしい。

158 There are two books on the desk. (　　　　　　) | 机の上に2冊の本がある。

159 His ides is different from mine. (　　　　　　) | 彼の考えは私のとは違う。

160 This question is difficult. (　　　　　　) | この問題は難しい。

161 My sister studies before dinner. (　　　　　　) | 私の姉(妹)は夕食の前に勉強する。

162 Open the door. (　　　　　　) | ドアを開けなさい。

163 Sit down.   (   )   座りなさい。

164 My dream is to be a teacher. (   )   私の夢は教師になることだ。

165 I stayed here for five days. (   )   私は5日間ここに滞在した。

166 We have known each other. (   )   私たちはお互いに知り合いだ。

167 I get up early in the morning. (   )   私は朝早く起きる。

168 This homework is easy for him. (   )   この宿題は彼にとってやさしい。

169 I can't swim, either.   (   )   私も泳げない。

170 What else do you want ?   (   )   他に何がほしいですか。

171 Can you speak English ?   (   )   英語を話すことができますか。

172 They have enough time.   (   )   彼らは十分な時間がある。

173 We had a good evening.   (   )   私たちはよい晩を過ごした。

174 Have you ever been to Japan ? (   )   これまでに日本へ行ったことがありますか。

175 We must run every day.   (   )   私たちは毎日走らなければならない。

176 Everyone likes her.   (   )   みんなが彼女を好きだ。

177 He lost everything.   (   )   彼は全てを失った。

178 For example, he looks kind. (   )   例えば、彼は親切そうだ。

179 It was an exciting game.   (   )   それはわくわくさせる試合だった。

180 She has blue eyes.   (   )   彼女は青い目をしている。

181 I want to see her face.　　　（　　　　　　　　　　）　私は彼女の顔を見たい。

182 There are five people in my family. （　　　　　　　）　私は5人家族だ。

183 He is a famous soccer player. （　　　　　　　　　）　彼は有名なサッカー選手だ。

184 My brother runs fast.　　　（　　　　　　　　　　）　私の兄（弟）は速く走る。

185 My father is kind.　　　　　（　　　　　　　　　　）　私の父は親切だ。

186 My favorite subject is English. （　　　　　　　　）　私のいちばん好きな教科は英語だ。

187 It's a fine day today.　　　（　　　　　　　　　　）　今日はいい天気だ。

188 Human can use fire.　　　　（　　　　　　　　　　）　人間は火を使うことができる。

189 My mother cooks fish.　　　（　　　　　　　　　　）　私の母は魚を料理する。

190 My house is far from here. （　　　　　　　　　　）　私の家はここから遠い。

191 I like Japanese food.　　　（　　　　　　　　　　）　私は日本食が好きだ。

192 I want to go to foreign countries. （　　　　　　）　私は外国へ行きたい。

193 It's difficult for me.　　　（　　　　　　　　　　）　それは私にとって難しい。

194 Are you free today ?　　　（　　　　　　　　　　）　今日はひまですか。

195 We are best friends.　　　（　　　　　　　　　　）　私たちは親友だ。

196 The train starts from here. （　　　　　　　　　　）　その列車はここから出発する。

197 Playing soccer is fun.　　　（　　　　　　　　　　）　サッカーをすることはおもしろい。

198 They had a good game.　　（　　　　　　　　　　）　彼らはよい試合をした。

199 She is a very pretty girl. (   )　彼女はとてもかわいい少女だ。

200 I'm glad to meet you. (   )　あなたに会えてうれしい。

201 Good night. (   )　おやすみなさい。

202 He is a great artist. (   )　彼は偉大な芸術家だ。

203 My favorite color is green. (   )　私のお気に入りの色は緑だ。

204 Her hair is long. (   )　彼女の髪は長い。

205 Her hands are beautiful. (   )　彼女の手は美しい。

206 You look happy. (   )　あなたは幸せそうに見える。

207 My parents work hard. (   )　私の両親は一生懸命に働く。

208 Don't touch my head. (   )　私の頭をさわるな。

209 Please sit down here. (   )　ここに座ってください。

210 I'm a high school student. (   )　私は高校生だ。

211 Have a good holiday. (   )　よい休日を。

212 I'll stay home. (   )　私は家にいるつもりだ。

213 I have just finished my homework. (   )　私はちょうど宿題を終えたところだ。

214 Ken is in the hospital. (   )　ケンは病院にいる。

215 It's hot today. (   )　今日は暑い。

216 We walked for three hours. (   )　私たちは3時間歩いた。

41

217	Come to my house tomorrow. (	)	明日、私の家に来て。
218	How old are you ? (	)	あなたは何歳ですか。
219	I'm hungry. (	)	私はお腹がすいている。
220	That's a good idea. (	)	それはよい考えだ。
221	If it's rainy tomorrow, I'll stay home. (	)	もし明日雨なら、私は家にいる。
222	It's important to read books. (	)	本を読むことは重要だ。
223	She lives in the town. (	)	彼女はその町に住んでいる。
224	I'm interested in science. (	)	私は科学に興味がある。
225	Come into my room. (	)	私の部屋に入りなさい。
226	I was born in Japan. (	)	私は日本で生まれた。
227	He speaks Japanese. (	)	彼は日本語を話す。
228	He is a junior high school student. (	)	彼は中学生だ。
229	She has just arrived. (	)	彼女はちょうど着いたところだ。
230	Be kind to old people. (	)	お年寄りに親切にしなさい。
231	I live near the lake. (	)	私は湖の近くに住んでいる。
232	What language do you speak ? (	)	あなたは何語を話しますか。
233	America is large. (	)	アメリカは広い。
234	Which is the largest of all ? (	)	全ての中でどれがいちばん大きいですか。

235 Don't be late.　　　　　　　(　　　　　　　)　遅れないで。

236 See you later.　　　　　　(　　　　　　　)　また、あとで。

237 I met Tom last year.　　　(　　　　　　　)　私は昨年、トムに会った。

238 Turn left.　　　　　　　(　　　　　　　)　左に曲がりなさい。

239 Let's go together.　　　　(　　　　　　　)　いっしょに行きましょう。

240 I wrote a letter to him.　(　　　　　　　)　私は彼に手紙を書いた。

241 Let's go to the library.　(　　　　　　　)　図書館へ行きましょう。

242 They enjoy their school life. (　　　　　　)　彼らは学校生活を楽しんでいる。

243 That little boy is my son.　(　　　　　　)　あの小さな少年は私の息子だ。

244 She waited for a long time. (　　　　　)　彼女は長い時間待った。

245 He has a lot of books.　　(　　　　　)　彼はたくさんの本を持っている。

246 What do you want to eat for lunch ? (　　　)　あなたは昼食に何を食べたいですか。

247 The man is kind.　　　　(　　　　)　その男性は親切だ。

248 How many books do you have ? (　　　)　あなたは本を何冊持っていますか。

249 I like math very much.　(　　　　)　私は数学がとても好きだ。

250 May I have a tea ?　　　(　　　　)　お茶をくださいませんか。

251 He is a member of the tennis club. (　　)　彼はテニス部の一員だ。

252 The class starts in a few minutes. (　　)　授業は 2 , 3 分で始まる。

253	We have no money. ( )	私たちはお金が全くない。
254	I haven't seen her for months. ( )	私は何か月も彼女に会っていない。
255	Tom walks more slowly than Bob. ( )	トムはボブよりもっとゆっくり歩く。
256	She gets up early every morning. ( )	彼女は毎朝早く起きる。
257	This is the most famous of all. ( )	これは全ての中でいちばん有名だ。
258	How old is your mother? ( )	あなたのお母さんは何歳ですか。
259	That mountain is very high. ( )	あの山はとても高い。
260	What movie do you like? ( )	あなたの好きな映画は何ですか。
261	How much is it? ( )	それはいくらですか。
262	Do you like music? ( )	あなたは音楽が好きですか。
263	I must do my homework. ( )	私は宿題をしなければならない。
264	Sit down near that tree. ( )	あの木の近くに座りなさい。
265	He has never been to Japan. ( )	彼は一度も日本へ行ったことがない。
266	I want a new chair. ( )	私は新しいイスがほしい。
267	It's good news. ( )	それはよい知らせだ。
268	I'll go to London next month. ( )	私は来月ロンドンへ行くつもりだ。
269	It was warm last night. ( )	昨夜はあたたかかった。
270	Let's have lunch at noon. ( )	正午に昼食をとりましょう。

44

271	I bought seven notebooks. （ ）	私はノートを7冊買った。
272	He said nothing about it. （ ）	彼はそれについて何も言わなかった。
273	He swims the best of all. （ ）	彼はみんなの中でいちばんじょうずに泳ぐ。
274	I am off on Tuesday. （ ）	私は火曜日は休みだ。
275	She often went there. （ ）	彼女はしばしばそこへ行った。
276	The building is the oldest in Japan. （ ）	その建物は日本でいちばん古い。
277	Your dish is on the table. （ ）	あなたのお皿はテーブルの上にある。
278	He likes not only fish but also meat. （ ）	彼は魚だけでなく肉も好きだ。
279	Can I drink tea or coffee ? （ ）	紅茶かコーヒーを飲んでもいいですか。
280	Are there any other good books ? （ ）	何か他によい本はありますか。
281	I went out at five. （ ）	私は5時に外出した。
282	She's loved all over the world. （ ）	彼女は世界中で愛されている。
283	They are my parents. （ ）	彼らは私の両親だ。
284	I run in the park every day. （ ）	私は公園で毎日走る。
285	How many pencils did he buy ? （ ）	彼はえんぴつを何本買いましたか。
286	There were many people in the library. （ ）	図書館には多くの人々がいた。
287	This picture is mine. （ ）	この写真(絵)は私のものだ。
288	This place is very beautiful. （ ）	この場所はとても美しい。

	1回目	2回目	3回目
	/18 問	/18 問	/18 問

289 Please sit down. (　　　　　) どうぞ座ってください。

290 This song is popular. (　　　　　) この歌は人気がある。

291 This is a difficult problem. (　　　　　) これは難しい問題だ。

292 May I ask a question ? (　　　　　) 質問してもいいですか。

293 It's rainy today. (　　　　　) 今日は雨だ。

294 Oh, really ? (　　　　　) まあ、本当ですか。

295 The bread is made from rice. (　　　　) そのパンは米で作られている。

296 You're right. (　　　　　) あなたは正しい。

297 This river is long. (　　　　　) この川は長い。

298 Which is your room ? (　　　　　) あなたの部屋はどちらですか。

299 I felt very sad. (　　　　　) 私はとても悲しかった。

300 They go to the same school. (　　　　) 彼らは同じ学校へ通っている。

301 I teach science. (　　　　　) 私は理科を教えている。

302 Where is your school ? (　　　　　) あなたの学校はどこですか。

303 There are many fish in the sea. (　　　　) 海にはたくさんの魚がいる。

304 There are four seasons in Japan. (　　　　) 日本には四季がある。

305 Life is short. (　　　　　) 人生は短い。

306 You should do it soon. (　　　　) あなたはすぐにそれをすべきだ。

46

307	He got sick.	(	)	彼は病気になった。
308	I've been busy since yesterday.	(	)	私は昨日からずっと忙しい。
309	She and I are sisters.	(	)	彼女と私は姉妹だ。
310	This ball is small.	(	)	このボールは小さい。
311	It sounds interesting.	(	)	それは面白そうに聞こえる。
312	Don't speak so fast.	(	)	そんなに速く話さないで。
313	There are some books on the desk.	(	)	机の上に何冊かの本がある。
314	Someone is at the door.	(	)	だれかがドアのところにいる。
315	Give me something to drink.	(	)	何か飲み物をください。
316	I sometimes play the piano.	(	)	私はときどきピアノをひく。
317	I sing a song.	(	)	私は歌を歌う。
318	I'll be back soon.	(	)	私はすぐに戻るつもりだ。
319	What sport do you like ?	(	)	あなたは何のスポーツが好きですか。
320	There were no stars in the sky.	(	)	空に星はなかった。
321	The train came into the station.	(	)	列車が駅に入ってきた。
322	Is he still there ?	(	)	彼はまだそこにいるのですか。
323	The story is very famous.	(	)	その話はとても有名だ。
324	His house is on this street.	(	)	彼の家はこの通りにある。

325 This building is strong. ( ) この建物は強い。

326 She is a high school student. ( ) 彼女は高校生だ。

327 Which subject do you like ? ( ) あなたはどの教科が好きですか。

328 The sun rose. ( ) 太陽がのぼった。

329 It's a sunny day. ( ) 晴れた日だ。

330 I'm sure that we will see again. ( ) 私たちはまた会うと確信している。

331 Look at that table. ( ) あのテーブルを見て。

332 He is as tall as his father. ( ) 彼は彼のお父さんと同じくらい背が高い。

333 I want to be a teacher. ( ) 私は教師になりたい。

334 I walk more slowly than Taro. ( ) 私は太郎よりゆっくり歩く。

335 I was watching TV then. ( ) 私はそのときテレビを見ていた。

336 What were you doing there ? ( ) あなたはそこで何をしていましたか。

337 These are apples. ( ) これらはリンゴだ。

338 I have a lot of things to do. ( ) 私はすることがたくさんある。

339 Those pens are his. ( ) あれらのペンは彼のものだ。

340 The river runs through the village. ( ) 川は村の中を流れている。

341 We don't have time. ( ) 私たちは時間がない。

342 I was tired. ( ) 私は疲れていた。

343 They went to New York. (   ) 彼らはニューヨークへ行った。

344 It's Monday today. (   ) 今日は月曜日だ。

345 Let's play soccer together. (   ) いっしょにサッカーをしよう。

346 What are you going to do tomorrow? (   ) 明日は何をするつもりですか。

347 I'll travel by train. (   ) 私は列車で旅行をするつもりだ。

348 There is a big tree. (   ) 一本の大きい木がある。

349 The girl is standing under a tree. (   ) 少女が木の下に立っている。

350 Wait here until he comes. (   ) 彼が来るまでここで待っていて。

351 I stood up from a chair. (   ) 私はイスから立ち上がった。

352 This book was very useful. (   ) この本はとても役に立った。

353 I usually get up at six. (   ) 私はふつう6時に起きる。

354 We enjoyed our summer vacation. (   ) 私たちは夏休みを楽しんだ。

355 He enjoyed the village life. (   ) 彼は村の生活を楽しんだ。

356 It's getting warm. (   ) あたたかくなってきた。

357 Please give me water. (   ) 水をください。

358 I asked him the way to the station. (   ) 私は彼に駅への道を聞いた。

359 The weather is good today. (   ) 今日は天気がいい。

360 I went to Tokyo a week ago. (   ) 私は一週間前に東京へ行った。

361	What do you like ?	( )	あなたは何が好きですか。
362	When did you come to Japan ?	( )	あなたはいつ日本へ来ましたか。
363	Where do you live ?	( )	あなたはどこにお住まいですか。
364	Which is your car ?	( )	あなたの車はどちらですか。
365	Who is that boy ?	( )	あの少年はだれですか。
366	Whose bag is this ?	( )	これはだれのバッグですか。
367	Why did you forget it ?	( )	なぜあなたはそれを忘れたのですか。
368	Wash your hands.	( )	手を洗いなさい。
369	She will come back soon.	( )	彼女はすぐに戻るでしょう。
370	Open the window.	( )	窓を開けなさい。
371	He wrote this letter with a pen.	( )	彼はペンを使ってこの手紙を書いた。
372	We cannot live without water.	( )	私たちは水なしでは生きられない。
373	That woman is his mother.	( )	あの女性は彼のお母さんだ。
374	You are a wonderful man.	( )	あなたはすばらしい人だ。
375	Don't say a word.	( )	一言もしゃべるな。
376	It's loved all over the world.	( )	それは世界中で愛されている。
377	Don't worry.	( )	心配しないで。
378	I work hard every day.	( )	私は毎日、一生懸命に働く。

379 You are wrong. (   ) | あなたは間違っている。

380 I'm fifteen years old. (   ) | 私は 15 歳だ。

381 We were busy yesterday. (   ) | 私たちは昨日、忙しかった。

382 Have you seen him yet ? (   ) | あなたは彼にもう会いましたか。

383 He was young then. (   ) | 彼はそのとき若かった。

1 There are twelve books.

　　(　　　　　　　　　　　　　　　)

12 冊の本がある。

2 How many oranges do you have?

　　(　　　　　　　　　　　　　　　)

あなたはオレンジを何個持っていますか。

3 How much is the bag ?

　　(　　　　　　　　　　　　　　　)

そのバッグはいくらですか。

4 How often do you play soccer in a week ?

　　(　　　　　　　　　　　　　　　)

あなたは週に何回サッカーをしますか。

5 How long did you stay in Japan ?

　　(　　　　　　　　　　　　　　　)

あなたはどれくらい長く日本にいたのですか。

6 How old is your sister ?

　　(　　　　　　　　　　　　　　　)

あなたのお姉さん（妹さん）は何歳ですか。

7 What time is it now ?

　　(　　　　　　　　　　　　　　　)

今、何時ですか。

8 I think that my father is busy.

　　(　　　　　　　　　　　　　　　)

私は父は忙しいと思う。

9 I hope that you like this room.

　　(　　　　　　　　　　　　　　　)

私は、あなたがこの部屋を気に入ることを望む。

10　Listen to me.
私の言うことを聞いて。

(　　　　　　　　　　　　　　　　　　　　　　　　　)

11　I'm going to give you this book.
私はあなたにこの本をあげるつもりだ。

(　　　　　　　　　　　　　　　　　　　　　　　　　)

12　We have to do our homework.
私たちは宿題をしなければならない。

(　　　　　　　　　　　　　　　　　　　　　　　　　)

13　She doesn't have to go there.
彼女はそこへ行く必要はない。

(　　　　　　　　　　　　　　　　　　　　　　　　　)

14　We must not run in the classroom.
私たちは教室で走ってはいけない。

(　　　　　　　　　　　　　　　　　　　　　　　　　)

15　This house was built a few months ago.
この家は数か月前に建てられた。

(　　　　　　　　　　　　　　　　　　　　　　　　　)

16　I have a little money.
私は少しお金を持っている。

(　　　　　　　　　　　　　　　　　　　　　　　　　)

17　There are a lot of apples in the box.
箱の中にたくさんのりんごがある。

(　　　　　　　　　　　　　　　　　　　　　　　　　)

18　My family gets up at seven every morning.
私の家族は毎朝 7 時に起きる。

(　　　　　　　　　　　　　　　　　　　　　　　　　)

19　My brother went to bed at nine last night.

（　　　　　　　　　　　　　　　　　　　）

> 私の兄(弟)は昨夜、9時に寝た。

20　He speaks not only English, but also Japanese.

（　　　　　　　　　　　　　　　　　　　）

> 彼は英語だけでなく、日本語も話す。

21　Could you tell me the way to the library ?

（　　　　　　　　　　　　　　　　　　　）

> 図書館までの道を教えてもらえますか。

22　Shall I open the window ?

（　　　　　　　　　　　　　　　　　　　）

> 窓を開けましょうか。

23　May I ask you a question ?

（　　　　　　　　　　　　　　　　　　　）

> 質問してもいいですか。

24　The restaurant was full of people.

（　　　　　　　　　　　　　　　　　　　）

> そのレストランは人でいっぱいだった。

25　Thank you for coming.

（　　　　　　　　　　　　　　　　　　　）

> 来てくれてありがとう。

26　I'm interested in music.

（　　　　　　　　　　　　　　　　　　　）

> 私は音楽に興味がある。

27　He is known as a famous writer.

（　　　　　　　　　　　　　　　　　　　）

> 彼は有名な作家として知られている。

	1回目	2回目	3回目
	/9 問	/9 問	/9 問

28 They were surprised to hear the news.

彼らはその知らせを聞いて驚いた。

(   )

29 This desk is made of wood.

この机は木でできている。

(   )

30 The bread is made from rice.

そのパンは米から作られている。

(   )

31 She sat between Tom and Ben.

彼女はトムとベンの間に座った。

(   )

32 Both Ken and I are from Kumamoto.

ケンと私は2人とも熊本の出身だ。

(   )

33 Where are you from ?

あなたの出身はどこですか。

(   )

34 There is a park in front of my house.

私の家の前に公園がある。

(   )

35 She is good at dancing.

彼女はダンスをすることが得意だ。

(   )

36 We didn't go out because of the rain.

私たちは雨のために外出しなかった。

(   )

37 I got to her house soon.

( )

私はすぐに彼女の家へ着いた。

38 What are you looking for ?

( )

あなたは何をさがしているのですか。

39 I take care of my dog every day.

( )

私は毎日犬の世話をする。

40 I visited some cities, for example, Nara and Kyoto.

( )

私はいくつかの都市、例えば奈良や京都を訪れた。

41 My father works from Monday to Friday.

( )

私の父は月曜日から金曜日まで働く。

42 He doesn't know how to use a dictionary.

( )

彼は辞書の使い方を知らない。

43 I didn't know what to say.

( )

私は何と言ってよいか、わからなかった。

44 What are you going to do after school ?

( )

放課後、何をするつもりですか。

45 My mother works as hard as my father.

( )

私の母は父と同じくらい一生懸命に働く。

46　How about next Sunday ?

（　　　　　　　　　　　　　　　　　　　　　　　　　）

次の日曜日はどうですか。

47　I am waiting for my brother.

（　　　　　　　　　　　　　　　　　　　　　　　　　）

私は兄（弟）を待っている。

48　I want him to come to the party.

（　　　　　　　　　　　　　　　　　　　　　　　　　）

私は彼にパーティーに来て
ほしい。

49　They had a good time at the party.

（　　　　　　　　　　　　　　　　　　　　　　　　　）

彼らはパーティーで楽しく
過ごした。

50　I got on the bus.

（　　　　　　　　　　　　　　　　　　　　　　　　　）

私はそのバスに乗った。

51　Who is that girl over there ?

（　　　　　　　　　　　　　　　　　　　　　　　　　）

向こうにいるあの少女はだ
れですか。

52　She couldn't speak English at first.

（　　　　　　　　　　　　　　　　　　　　　　　　　）

彼女は初めは英語を話せな
かった。

53　I never give up.

（　　　　　　　　　　　　　　　　　　　　　　　　　）

私は決してあきらめない。

54　It's a kind of fruit.

（　　　　　　　　　　　　　　　　　　　　　　　　　）

それは果物の一種である。

	1回目	2回目	3回目
	/8問	/8問	/8問

55 I have the same bag as yours.

　　私はあなたと同じバッグを
　　持っている。

　　(　　　　　　　　　　　　)

56 Come back soon.

　　すぐに戻ってきなさい。

　　(　　　　　　　　　　　　)

57 It looks like a dog.

　　それは犬みたいだ。

　　(　　　　　　　　　　　　)

58 They helped each other.

　　彼らはお互いに助け合った。

　　(　　　　　　　　　　　　)

59 I'll be glad to go.

　　私は喜んで行くつもりだ。

　　(　　　　　　　　　　　　)

60 He got to the station.

　　彼は駅に着いた。

　　(　　　　　　　　　　　　)

61 I'm looking forward to seeing you.

　　あなたに会えるのを楽しみ
　　にしている。

　　(　　　　　　　　　　　　)

62 I need to send this letter.

　　私はこの手紙を送る必要が
　　ある。

　　(　　　　　　　　　　　　)

最後までよく頑張りました！　この本の英単語はマスターできたかな？
まだちょっと心配な人のために、無料の単語テストを用意しています。
プリントしてどんどん使ってね！

(URL) https://www.goukaku-dekiru.com/download